Simplemente  Ciencia

Máquinas potentes

Gerry Bailey

Ilustraciones: Steve Boulter y Q2A media

Gráficos: Karen Radford

everest

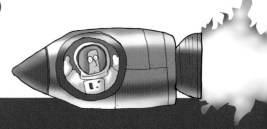

Máquinas potentes

Contenidos

Máquinas potentes

¿Qué máquinas te parecen realmente útiles? Quizá las que ayudan a tus padres a hacer las cosas de casa, como la lavadora o el taladro. O quizá pienses en algo más simple, como un sacacorchos o un martillo. Estas también son máquinas.

Las máquinas grandes suelen funcionar con electricidad u otro tipo de energía, pero las simples solo necesitan que alguien como tú las mueva.

Las máquinas funcionan gracias a **ti**...

...o a un **buey** o un **caballo**

...o al **sol**.

Pueden alimentarse con **electricidad**...

...con la quema de un combustible

como **petróleo**

...con **vapor**

...o quizá con **energía nuclear**.

Útil y sencillo

Las máquinas no tienen que ser grandes para ser útiles. Casi todas se basan en otras muy sencillas, las seis llamadas "máquinas simples", que encontrarás en casi todas las otras.

Seis máquinas simples

Las seis máquinas simples son:
- la palanca
- la rueda con eje
- la polea
- la cuña
- la rampa

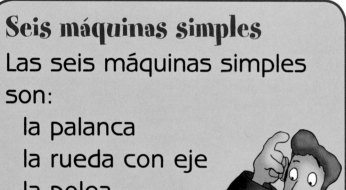

palanca

rueda con eje

cuña

polea

rampa

tornillo

El pico

El pico combina la palanca y la cuña. Tú golpeas el suelo con el pico como si dieras martillazos, pero la pieza superior acabada en cuña se hinca en la tierra o las piedras.

El abrelatas

Este abrelatas de palomilla consta de tres máquinas simples. La palomilla que tú giras actúa como una palanca, introduciendo una rueda de borde afilado en la lata. Ese borde es una cuña. Después rueda con eje hace dar la vuelta a la máquina por toda la tapa.

palomilla

borde afilado

El destornillador

El destornillador se sirve de la energía de torsión para introducir un tornillo en un material. Él mismo es en realidad un tornillo largo. El resalte en hélice del tornillo actúa como una rampa que facilita su entrada en el material, vuelta a vuelta.

El martillo de orejas

Este martillo trabaja como una palanca al introducir clavos en la madera u otro material; y, cuando martilleas, tu brazo forma parte de esa palanca. Al sacar un clavo, las orejas del martillo equivalen al extremo cargado de la palanca, mientras que su cabeza es el fulcro.

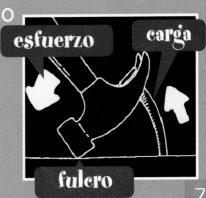

esfuerzo

carga

fulcro

Tracción animal

El arado es un instrumento que abre surcos en la tierra antes de sembrarla.

Tiene un mango para tirar de él y una hoja que actúa como una cuña, ya que abre la tierra.

Los primeros arados llevaban tiros de bueyes o caballos, y es posible que se fabricaran en China y algunos lugares de Oriente Medio. Los actuales disponen de muchas filas de cuchillas de acero y del tiro de un potente tractor.

1. Es probable que en los primeros sembrados, la gente se limitara a tirar las semillas al suelo y a esperar. Pero a veces los cuervos se comían las semillas. Había que enterrarlas.

2. Si agujereaban la tierra con un palo puntiagudo, tardarían un montón.

3. El agricultor podía usar el palo para hacer hendiduras. Eso funcionaría, pero las hendiduras serían poco profundas.

4. Un buey tendría fuerza suficiente para abrir hendiduras, o surcos, en el duro suelo. La hoja en forma de cuña cortaría bien la tierra.

5. Si se sujetaba el arado a un instrumento de madera, un yugo, y este se le ponía a un buey, problema resuelto.

Potencia de empuje

La carretilla es un carro de mano compuesto por dos máquinas simples: una palanca y una rueda con eje.

El eje es en realidad el fulcro de la palanca, mientras que la rueda se encarga de reducir el rozamiento.

Las máquinas simples trabajan juntas para facilitarnos las tareas.

La palanca ayuda a levantar cargas; las dos varas de la carretilla conforman la palanca.

La rueda con eje ayuda a mover cargas al avanzar bien por el suelo.

1. Hace mucho, si se quería transportar algo, había que cargar con ello o llevarlo en equilibrio sobre la cabeza.

2. Después se utilizó una especie de carretilla sin ruedas llamada *travois*, una simple caja que se arrastraba mediante los maderos inferiores. Podías llevar más cosas, pero seguía siendo muy cansado.

Una rueda que ayuda a llevar pesos

3. Cuando se inventó la rueda, todo empezó a cambiar. Los caballos podían tirar de los carros grandes, pero, ¿podría repartirse la carga sobre la rueda de un carro más pequeño y más adecuado para una persona?

4. La respuesta fue construir un tablero alrededor de una rueda con eje y añadirle dos agarraderos. Esta fue la primera carretilla.

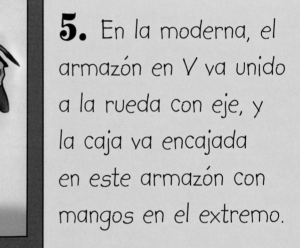

5. En la moderna, el armazón en V va unido a la rueda con eje, y la caja va encajada en este armazón con mangos en el extremo.

La desmotadora

El algodón es una planta que se recoge anualmente y sirve para hacer el tejido del mismo nombre.

Los recolectores debían quitar las semillas de las bolas de algodón al recogerlas, y les costaba mucho.

¡Ya toca recoger el algodón!

Una máquina para quitar semillas

1. A finales del siglo XVIII el algodón era un tejido muy popular en EE. UU. Eli Whitney vivía en el sur, donde se cultivaba en grandes cantidades.

2. Pero había un problema: los recolectores perdían mucho tiempo quitándole las semillas.

Cómo trabaja la desmotadora

La desmotadora era un ingenio muy sencillo. Las bolas de algodón se metían por la parte superior de la máquina y, al girar una manivela, el algodón pasaba por un cilindro dentado que quitaba las semillas. Después otro rodillo con cepillos retiraba el algodón de los dientes.

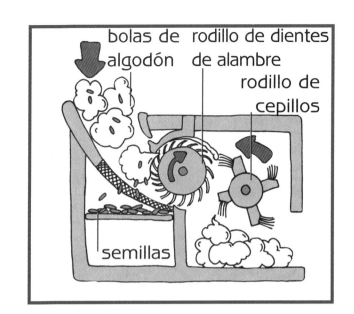

3. Quizá una máquina pudiera quitarlas, pero el algodón necesitaría además algún tipo de cepillado. Por desgracia, no existía nada parecido.

4. Pero Eli Whitney reunió en una máquina la extracción de semillas y el cepillado. Hizo un cilindro con dientes de alambre para pasar las fibras por pequeños agujeros y añadió otro rodillo con cepillos para quitar la fibra de los dientes. Los rodillos se accionaban con una manivela. Su desmotadora fue un gran éxito.

Máquina natural

El reloj de sol fue uno de los primeros instrumentos para medir el tiempo, aunque solo señalara las horas diurnas. Suele consistir en un pilar bajo con la parte superior dividida en horas.

En el centro de la esfera hay un puntero inclinado o triangular, llamado gnomon.

¿No debería estar ya en la cama?

Una sombra que dice la hora

1. En la antigüedad la hora se calculaba gracias al sol.

2. Pero el sol no servía para saberla con exactitud.

3. Sin embargo, la gente notó que las sombras dependían de la posición del astro. Quizá con esas sombras pudieran saber la hora adecuada...

Arrojar sombra

La esfera del reloj de sol está marcada con las horas del día. Mientras hay luz solar, el gnomon arroja una sombra que gira con el movimiento del sol e indica la hora.

...para hacer ciertas cosas, como dar de comer a los animales...

...o limpiar la casa.

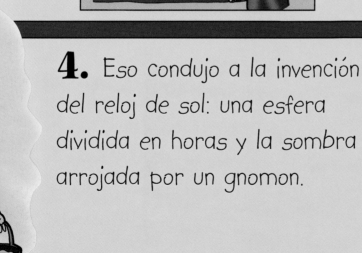

4. Eso condujo a la invención del reloj de sol: una esfera dividida en horas y la sombra arrojada por un gnomon.

El reloj portátil

1. Desde la invención de los relojes, se pudo saber la hora con exactitud.

2. Pero solo la sabías si había alguno a la vista. Si no, te arriesgabas a ser impuntual.

3. Los relojes que funcionaban gracias a un peso llamado péndulo, eran casi tan grandes como una persona.

4. Así que, si querías saber la hora, debías cargar con tu reloj de péndulo todo el día.

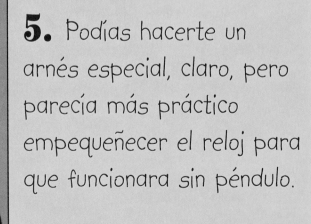

5. Podías hacerte un arnés especial, claro, pero parecía más práctico empequeñecer el reloj para que funcionara sin péndulo.

La fuerza del muelle

El reloj de cuerda es un instrumento para medir el tiempo que funciona gracias a un muelle.

¿Cómo funciona el muelle?

El muelle es una pieza elástica (en los relojes metálica y en espiral) que al deformarse genera energía mecánica hasta recobrar su posición primitiva. Esa energía sirve para mover una máquina, y eso mismo hacía en los primeros relojes portátiles.

6. La solución la dio el muelle. Podía ser muy pequeño y almacenar la energía suficiente para un día. El muelle alimentó los diminutos relojes de bolsillo o de muñeca.

Muchos relojes y otros objetos se mueven gracias a los muelles.

Motores para máquinas

Las máquinas son una maravilla, pero a las grandes no les basta la fuerza muscular de humanos o animales para funcionar. Necesitan mucha más energía. ¡Necesitan un motor!

El motor de gasolina

Este motor se llama en realidad de explosión. La explosión, debida a la combustión de aire y un carburante, empuja hacia abajo unos pistones que giran un cigüeñal, y este gira a su vez las ruedas del coche.

La máquina de vapor

Los primeros motores de vapor eran muy grandes y poco eficientes, pero el vapor a alta presión de Richard Trevithick lo cambió todo. Su máquina, adecuada para las explotaciones mineras, colaboró en el desarrollo de la locomotora de vapor y del ferrocarril.

El motor eléctrico

Cuando Michael Faraday inventó su dinamo, su máquina para generar electricidad, posibilitó la invención del motor eléctrico. La electricidad y el magnetismo sirven para girar una barra que mueve una pieza de la máquina, ya sea una máquina de coser o una locomotora.

¡Los trenes eléctricos de alta velocidad pueden sobrepasar los 500 kilómetros por hora!

El motor atómico

Cuando los científicos descubrieron que la rotura del núcleo de un átomo generaba una enorme cantidad de energía, dedujeron su utilidad para alimentar motores, ¡pero con muchas precauciones! En los submarinos nucleares, las hélices giran gracias a motores de energía nuclear.

Máquinas gigantes

A veces, para hacer un gran trabajo hay que usar una gran máquina. Para este tan duro se diseñó la inmensa tuneladora que ves.

Esta gigantesca máquina es una excavadora que, además, transporta la tierra a otro lugar.

Por tierra, mar y aire

Las máquinas proporcionan muchos medios de transporte, y la velocidad de estos aumenta a medida que se descubren fuentes de energía y artilugios técnicos.

Los **trenes de mercancías** son capaces de arrastrar cientos de vagones. Este que lleva hierro desde Zouerate hasta la costa de Marruecos es de los más largos del mundo: ¡unos tres kilómetros!

El Terex Titan es el **volquete** más grande que existe. Puede llevar una carga que supera las 350 toneladas, y sus ruedas miden 3,3 metros de altura.

Los **superpetroleros** pesan miles de toneladas. Son los mayores barcos del mundo: transportan de dos o tres millones de barriles de petróleo.

El avión más grande del mundo es el ruso **Antonov 225**, que transporta mercancías. ¡Caben 80 coches!

El **cohete Ariane** necesita una inmensa cantidad de energía para subir al espacio.

Máquinas eléctricas

Casi todas las máquinas de las casas, los colegios o las oficinas funcionan con electricidad.

La electricidad se genera girando una bobina de alambre entre dos grandes imanes: ¡eso es el generador! La bobina gira gracias a una turbina movida por el viento, el agua o el vapor. Esa electricidad llega a tu casa por una red de cables llamada red de suministro eléctrico.

La electricidad puede proceder también de una pila, ya que esta transforma la energía química en eléctrica.

Teléfonos móviles

El móvil* es en realidad un pequeño transmisor, una máquina eléctrica que envía mensajes por medio de frecuencias sonoras; pero en la telefonía móvil, esos mensajes se reciben y se transmiten mediante antenas que cubren una zona determinada. Estas zonas están interconectadas para que los mensajes pasen de una a otra cuando te muevas al hablar.

*Al móvil en Hispanoamérica se le llama celular.

24

El marcapasos

Si tienes un problema cardiaco, el marcapasos controlará los latidos de tu corazón. Este aparato, que funciona con una pila, envía impulsos eléctricos al músculo cardiaco para que lata con regularidad.

El sumergible no tripulado

Los sumergibles eléctricos sin tripulación vienen muy bien para explorar los barcos hundidos en el fondo del mar.

El ordenador o computadora

Los ordenadores utilizan la numeración binaria para abrir o cerrar el paso a impulsos eléctricos. En los primeros había grades válvulas de vacío que generaban impulsos digitales, y por eso los aparatos ¡eran tan grandes como habitaciones! Pero en 1947 se inventó un sustituto de las válvulas, el transistor, que ayudó a empequeñecerlos y a hacerlos más veloces. Después se fabricó el microchip, que contenía varios transistores conectados; estos, que al principio eran unos diez, ¡superan en la actualidad los mil millones!

Trabajar con átomos

Imagina una máquina tan pequeña que fuera invisible, tan pequeña que en un solo pelo humano cupieran unas 20 000. Esta increíble máquina es la nanomáquina y se crea mediante la técnica llamada nanotecnología.

En la nanotecnología, las cosas se miden en nanómetros. Un nanómetro equivale a la milmillonésima parte del metro, o sea, ¡que es minúsculo!

Todo lo que nos rodea, desde los árboles hasta las polillas, se forma átomo a átomo. Por eso los científicos creen que es posible inventar cosas construyéndolas del mismo modo. Y eso es la nanotecnología. Un átomo, por si te lo preguntas, mide 10 nanómetros de ancho.

Nanocoche

La extraña máquina de abajo es un coche diminuto, un nanocoche construido con unos cuantos átomos. Tiene un motor giratorio que funciona con luz. Tiene un chasis y cuatro ejes y ruedas esféricas de moléculas.

¡Y solo mide 4 nanómetros de largo!

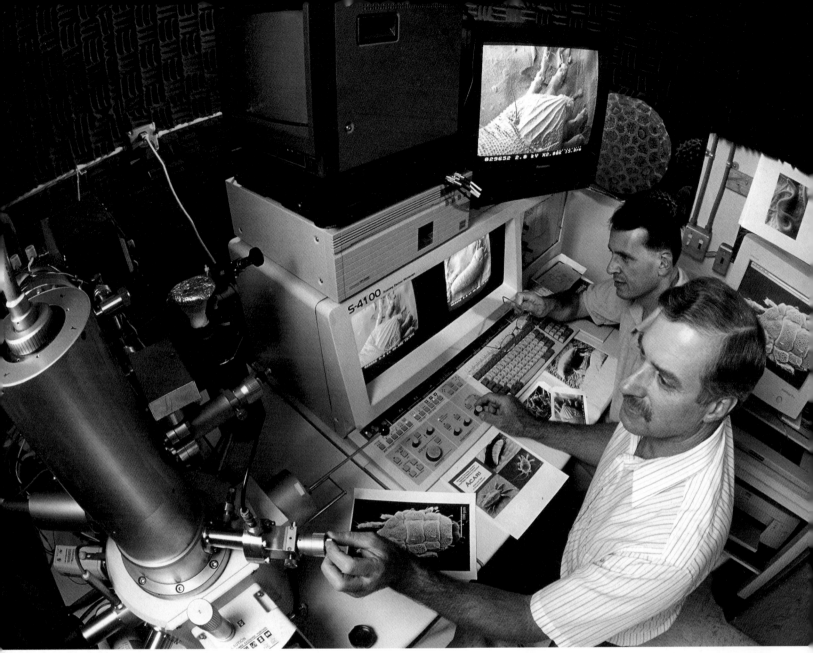

Microscopio electrónico

El microscopio electrónico utiliza un haz de electrones, las partículas que giran alrededor del núcleo del átomo. Ese haz aumenta mucho más los objetos que la luz de los microscopios ópticos, y permite ver en el interior de nuestras células ¡hasta el aspecto del ADN!

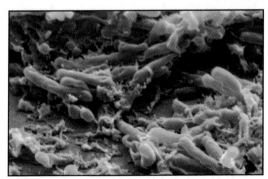

Las diminutas bacterias pueden verse con los microscopios electrónicos.

El robot

El robot es una máquina capaz de realizar trabajos sin ayuda humana. Algunos llevan a cabo tareas repetitivas; otros, labores peligrosas como trabajar dentro de reactores nucleares o con líquidos nocivos.

Robot proviene del término inglés *robot*, y este del checo *robota*, trabajo.

Máquinas para trabajos rutinarios

1. En las fábricas hay que realizar muchos trabajos distintos, algunos muy aburridos y que llevan mucho tiempo.

2. Los jefes intentan que el trabajo sea menos rutinario, pero también quieren reducir costes. Y contratar obreros para hacer esos trabajos es caro.

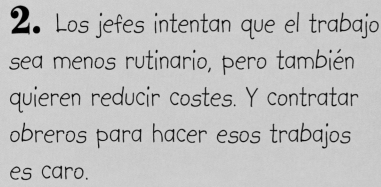

El primer robot

Alpha

Al principio los científicos competían por crear robots que los ayudaran en otros campos. En 1932 se mostró en Londres uno llamado Alpha (izquierda) capaz de leer, hacer reverencias, decir la hora, cantar ¡y fumar puros!

En las fábricas de coches, se colocan en fila grandes robots que realizan tareas sencillas.

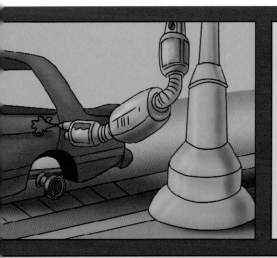

3. Entonces se inventó el robot, una máquina para trabajos repetitivos como pintar o soldar piezas de coches.

4. El robot suele ir asociado a un ordenador, llamado sistema de control, que hace de cerebro electrónico; ese cerebro se programa para que el robot realice y compruebe sus tareas.

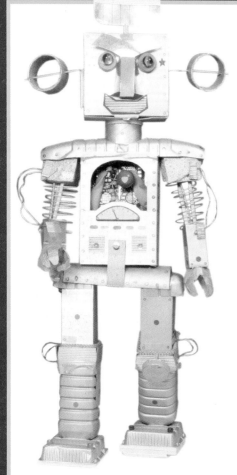

1. ¿De cuántas máquinas simples consta el abrelatas de palomilla?

_____

2. ¿Qué enorme máquina perfora túneles?

_____

3. ¿A qué equivale el nanómetro en metros?

_____

4. ¿Qué máquina quita las semillas al algodón?

_____

5. ¿Qué máquina eléctrica regula el latido cardiaco?

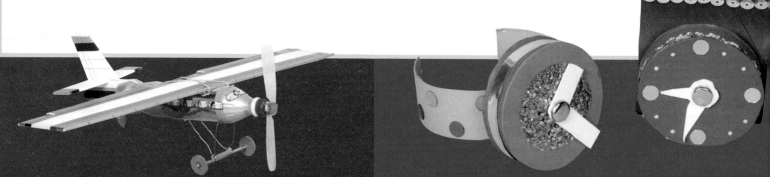

6. ¿Quién inventó el motor de vapor de alta presión?

_____

7. ¿Qué pasa si deformas un muelle?

_____

8. ¿De qué dos máquinas simples consta la carretilla?

_____

9. ¿Funcionaría un gnomon en la oscuridad?

_____

10. ¿Cuándo arrastra un buey una cuña?

_____

1. De tres 2. La tuneladora 3. A la milmillonésima parte del metro 4. La desmotadora 5. El marcapasos 6. Richard Trevithick 7. Qué recobra la forma 8. Palanca y rueda con eje 9. No; necesita luz solar 10. Cuando tira de un arado

Índice